불씨

불씨

민주화운동기념사업회 기획 · 다드래기 만화

기획의 말

10월 그곳,
함성(喊聲)의 물결을 전합니다

해마다 10월이 되면 1979년의 그날들이 잊을 수 없는 기억으로 떠오르곤 합니다. 돌이켜보면, 처절했던 긴 억압의 그림자에서 국민들은 희망을 찾지 못한 채 암흑 같은 시절을 보냈습니다. 이 시기에 부산과 마산에서 피어난 시민항쟁은 유신정권에 종지부를 찍는 역사적인 불꽃이 되었습니다. 이 역사에는 우리 모두가 함께 기억해야 할 자유와 민주주의 정신이 담겨 있습니다.

민주화운동기념사업회는 지난 2020년 「만화로 보는 민주화운동」 시리즈 네 작품(『빗창』『사일구』『아무리 얘기해도』『1987 그날』)을 펴냈습니다. 제주 4·3, 4·19혁명, 5·18민주화운동, 6·10민주항쟁의 이야기가 담긴 이 책들은 민주화운동의 역사가 낯선 여러 학생, 시민에게 열띤 호응을 얻었습니다. 그로부터 4년이 흐른 지금, 이 시리즈의 다섯번째 책으로 1979년 10월 16일부터 20일까지 부산과 마산에서 일어난 반독재 민주항쟁을 담은 『불씨』를 출간합니다.

부산과 마산에서 일어난 함성의 물결은 민주주의를 향한 열망 그 자체였습니다. 격동의 시기, 민주화운동의 큰 흐름에 물꼬를 터준 부마민주항쟁을 「만화로 보는 민주화운동」 시리즈에 함께 다루게 되어 한없이 기쁜 마음입니다. 항쟁에 참여했던 학생과 시민 들이 품었던 의지와 비장함을 담아낸 이 책을 통해 다음 세대가 역사를 잊지 않기를, 또 더불어 누군가에게는 조금이나마 위로와 응원이 되기를 바랍니다.

만화를 완성해주신 다드래기 작가는 자료 조사와 스토리텔링에 많은 시간을 할애하며 역사 속 항쟁의 순간들을 작가 특유의 시선으로 작품에 잘 녹여내었습니다. 감사의 말씀을 전합니다. 그리고 이 만화를 위해 감수와 해설을 해주신 전문가분들, 출판을 맡아주신 창비, 그 외에 이 책이 나오기까지 도움을 주신 모든 분께 감사드립니다.

2024년 5월
민주화운동기념사업회 이사장 이재오

차례

기획의 말 | 10월 그곳, 함성(喊聲)의 물결을 전합니다	004
인물 소개	008
1부 대통령이 죽었다	011
2부 폭풍전야	029
3부 밀려오는 파도	055
4부 10월 16일	073
5부 10월 17일	103
6부 마산으로 가는 길	131
7부 풍랑	165
8부 고개를 넘으면	187
에필로그	211
작품 해설 | 부산·마산의 시민들이 써 내려간 반유신 민주항쟁의 대서사	234
감수 및 참고문헌	239

인물 소개   부산 사람들

윤은미
학력고사를 앞둔 고등학교 3학년 문학소녀.
유진숙과 펜팔 친구다.
윤태석과는 남매로 늘 티격태격한다.

윤태석
부산대학교 학생, 윤은미의 오빠.
독서 동아리 교류 활동을 하면서
정치의식에 눈뜬다.

김대양
항해사 수습 과정 중인
항운 노동자.

양홍열
전국을 떠도는
건설 노동자.
김대양과 이종사촌 형제이다.

정인기
중앙동 중국집의
배달원.

황종철
괴정동 봉제공장의 대표.

마산 사람들

유진숙
수출자유지역 노동자.
윤은미와 펜팔 친구다.
야학을 다니면서
배움의 의지를 다지고 있다.

박성욱
경남대학교 학생.
윤태석과 고등학교 동창이다.
재수생 출신으로 학교에서 학보사 기자로 활동한다.

김주남
부산에서 마산으로 이직한
음식점 요리사.

곽원길
창원으로 통근하는 공단 노동자.

일러두기
1. 이 작품은 실제 있었던 역사적 사건에 바탕을 두고 재구성한 것으로,
주요 등장인물은 작가의 상상에 의해 창조되었음을 밝힙니다.
2. 경상도 방언은 현지어를 살리되 독자들의 이해를 돕기 위해 일부는 표준어 주석을 달았습니다.

1부 대통령이 죽었다

불과 몇달 전까지 상상도 못 했던 일이다.

*박정희 정권이 장기집권을 도모하기 위해 1969년에 추진한 개헌. 대통령의 3선 연임이 가능하도록 헌법을 개정했다.

두차례의 석유파동 이후 경제 침체를 겪고 있던 1979년, 시민들에게 더욱 엄혹한 정치 상황.

사람들의 입과 귀를 아무리 막아도 흔들리던 유신정권은 그렇게 1979년 10월 26일, 끝을 맞았다.

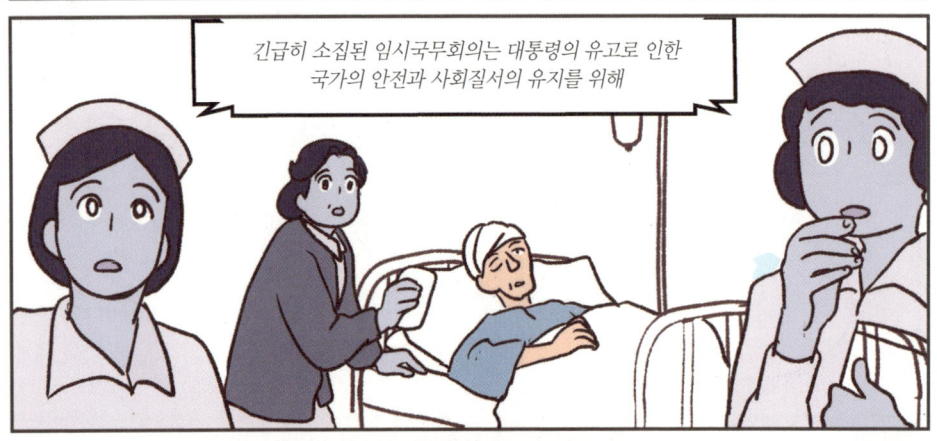

대통령이 죽었다.

2부 폭풍전야

올 추석은 여러가지로 마음이 뒤숭숭해. 듬성듬성 징검다리 같은 휴일도 그러하고 가족을 만나지 못하니 더 그렇다.

지난여름 고향 집이 수마에 휘말리고 가세가 더욱 힘들어지니

가족들은 겨우 대구의 큰집으로 옮겨서 지내고 있어. 나는 친구 하숙집에서 추석을 보낸다.

은미 너는 올해도 전을 부치면서 보낼까? 수험생인데도 집안일을 많이 해야 하니? 어머니께서 홀로 남매를 공부시키시니 고생이 많으시겠다.

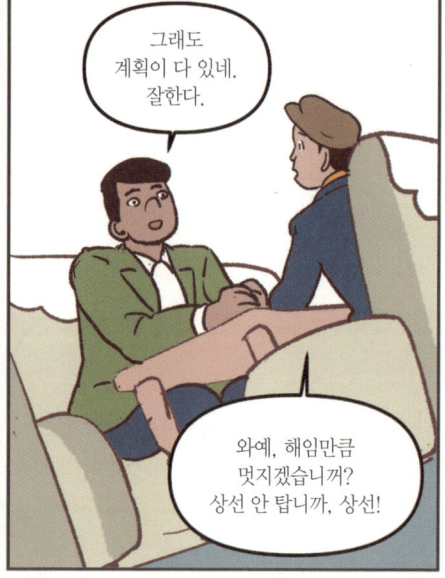

*'햄' 또는 '해임': '형님'의 경상도 방언.

*1970년대에 인기를 끌었던 코미디언.
**어떻게 그래요.

진숙아,
그해 추석은 영원히 잊기 힘든 것 같다.

무슨 일이 일어날지 모르면서도
돌아보니 얼마나 많이 불안한 시간이었는지
떠올리면 지금도 식은땀이 흘러.

수험 생활 때문이었는지
심상찮은 공기 때문이었는지

아니면 전부 다였는지…

히힛, 추석 끝나고 바로 오네. 선물 받은 것 같다.

은미야, 잘 지냈니?
추석이라 잠시 꿀 같은 휴식을 보냈지만 요즘 마산 수출자유지역의 분위기가 그렇게 밝지만은 않아서 마음이 무겁다.

일본에 본사를 둔 자회사나 합작기업이 대부분인 이곳에는 3만명 넘는 노동자들이 낮은 임금과 나쁜 근로조건에 시달려.
그들 중 나이 어린 여성 노동자들이 80퍼센트나 된다.

참다못한 노동자들이 노동조합을 만들면 회사와 경찰, 중앙정보부가 한패가 되어 여지없이 깨버리니 어디에 하소연할 곳도 없다.

더구나 일본인 간부들이 여성 노동자를 농락한다는 소문도 끊임없이 나돌고 있어.

*현진건「운수 좋은 날」, 1924.

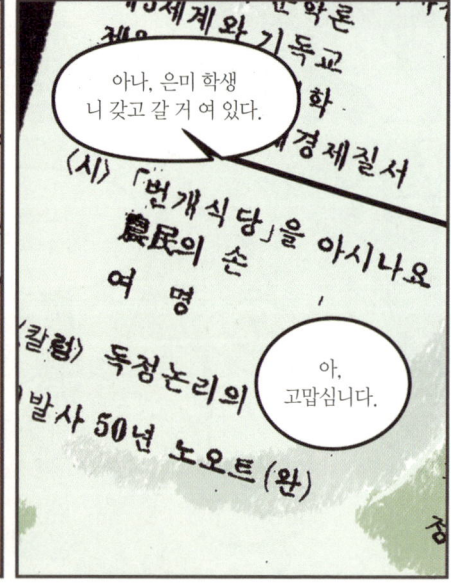

*1970년대 말 유행했던 만화 『오르페우스의 창』의 구칭.

3부 밀려오는 파도

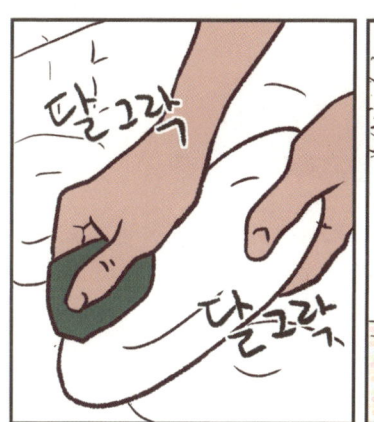

*페르디난드 마르코스: 필리핀의 독재자. 1965년 대통령으로 취임한 뒤 독재정치를 하다 1986년 민주화운동으로 실각한다.

*1960년 이승만 자유당 정권의 3·15 부정선거에 반발하여 마산에서 일어난 대규모 민주화운동으로, 4·19혁명의 도화선이 되었다.

대학생들이가?

헉!

누구는 산업전사라 부르고
누구는 여종업원이라 부르고
누구는 여공이라 부르고
누구는 공순이라 부르는데

그 지역 정문 아닌 후문에
정오만 되면 어김없이 나타나는
이동식 포장마차 대열
거기에 차려놓은
번개식당의 다양한 메뉴
1분 막국수 2분 짜장면 3분 김밥

馬山輸出自由地域   MASAN FREE EXPORT ZONE

어느 하릴없는 시민이 사진을 찍어
이 지방 신문에 게재되니
그로부터 며칠이 지났을까
포장마차 대열은 (…)
퇴근시간이 지나도록
영영 나타나 주지 않더이다.

수출을 자유롭게 한다는 지역의
후문에는 쥐죽은 듯이 조용한 가랑비가
내리고 있더이다.*

*이선관 「번개식당을 아시나요」, 『어머니』, 도서출판 선 2004.
이 시는 1979년 9월 『씨알의소리』 통권87호에 처음 발표되었다.

4부 **10월 16일**

*세상에 널려 있다.

긴 밤— 지새—운—
풀잎— 마다 맺힌—
진주보다 더 고—운
아침 이슬 처—럼

유! 신! 철! 폐!

독! 재! 타! 도!

이게…
뭔 일이고?

진짜로…
터지는갑네.

10월 16일 화요일 맑음.
진숙아, 오늘 너는 무사히 지냈니?

부산대학교.

부산은, 날씨만큼 맑은 날은
아니었던 것 같아.

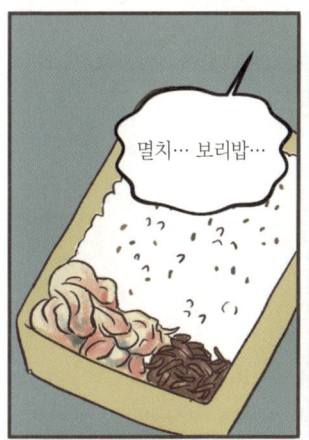

*1979년에 국내 개봉된 홍콩 무술영화.

우리도, 우리도 가입시다.
드가입시다 행님!

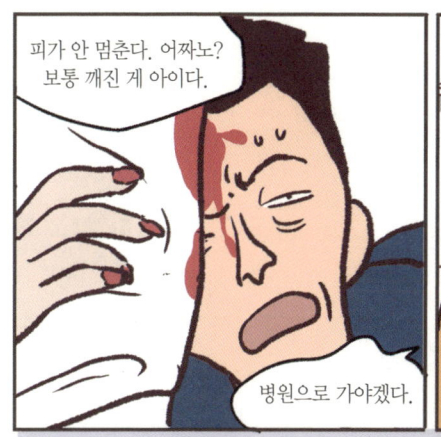

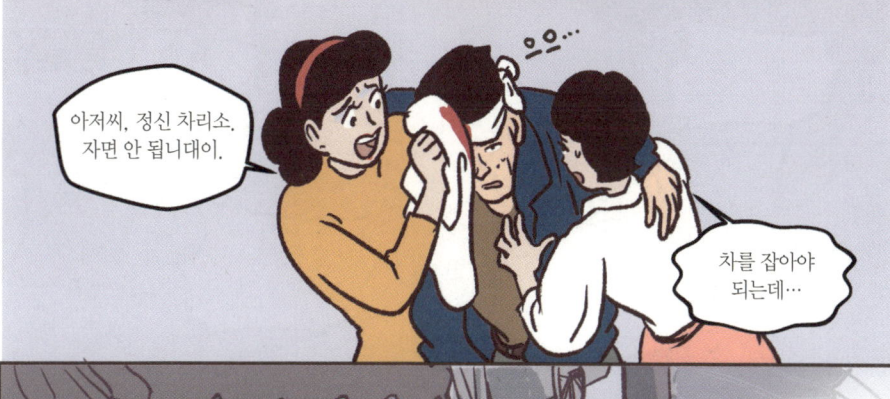

5부 **10월 17일**

오빠가 집에 들어오지 않은 지 이틀째 날, 부산대에는 휴업령이 내려졌다.

그런데 진숙아,
어떻게 신문이나 뉴스에는 단 한줄도 그 얘기가 없을까?

10월 17일, 동아대학교.

부산대학교에서 피운 불씨는 동아대학교에도 이어졌다.

작은 불씨라도 바람을 타면 멀리 날아가기 마련이다.

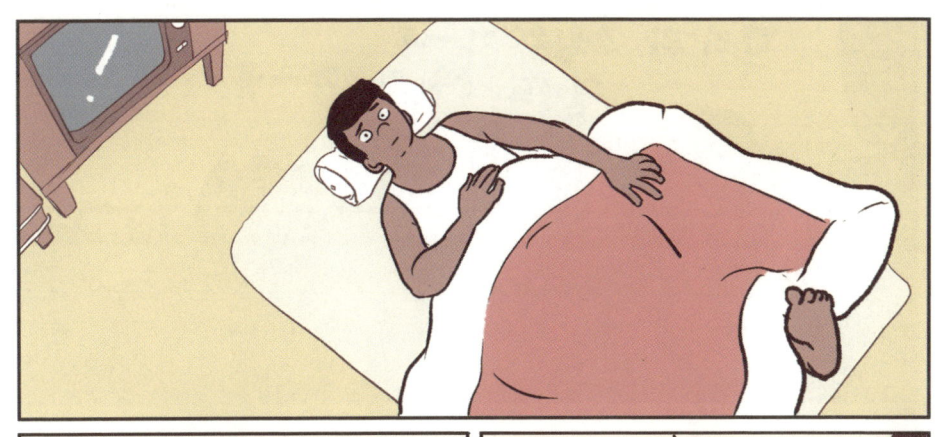

17일 시위에는 동아대 학생들을 비롯한 더 많은 시민이 참여하였다. 시위 행렬은 잦아들지 않고 더욱 커져갔다.

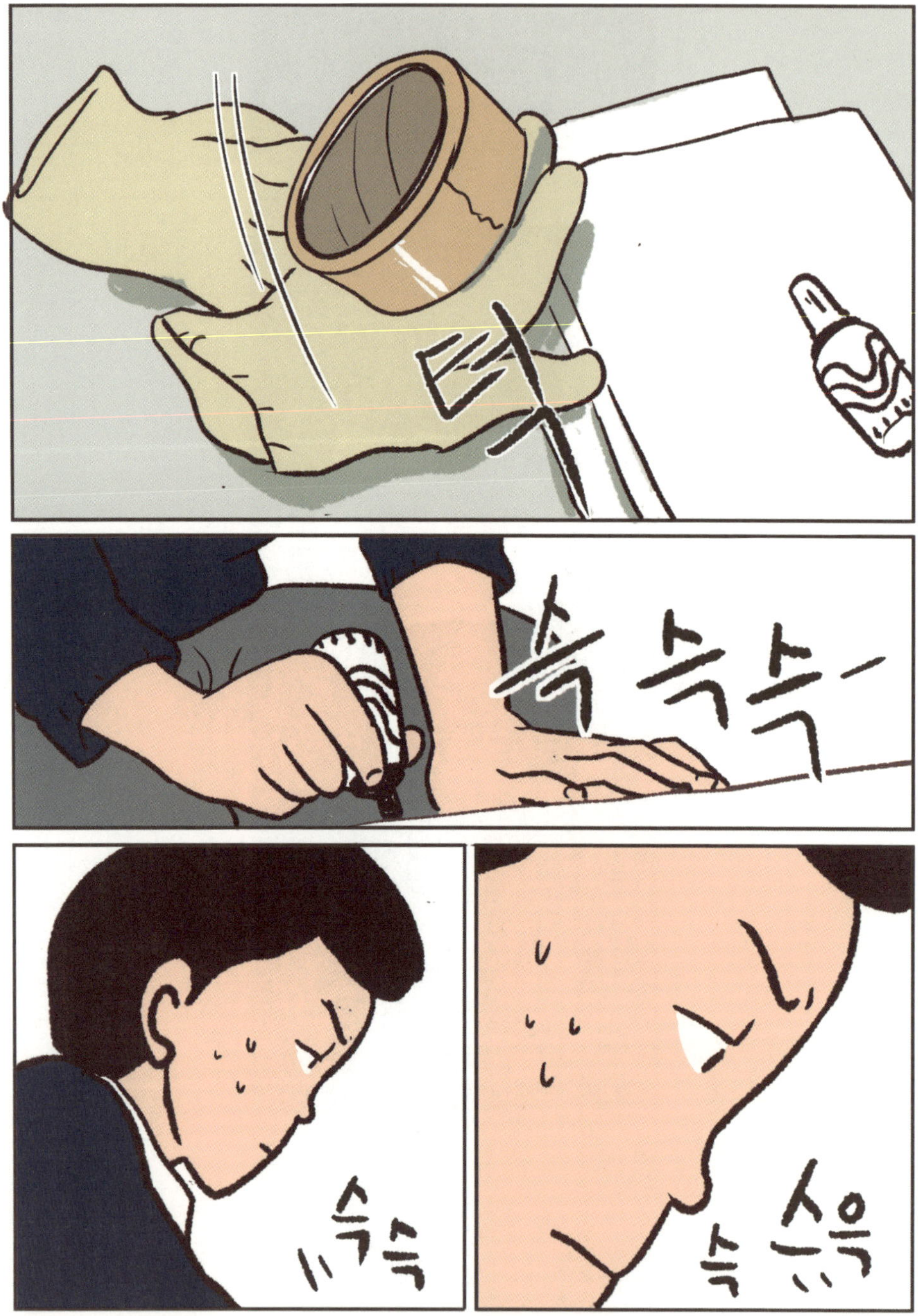

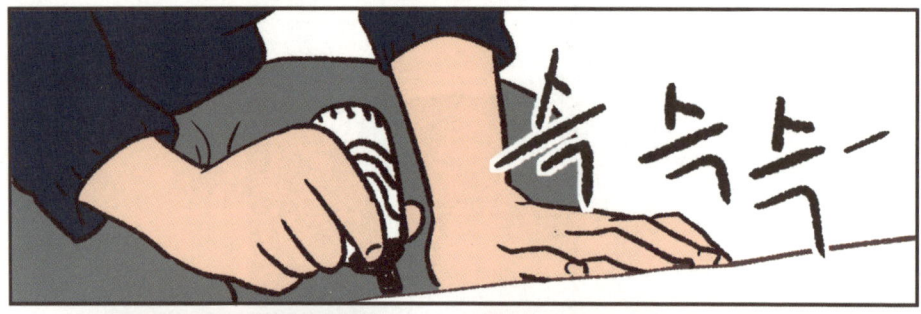
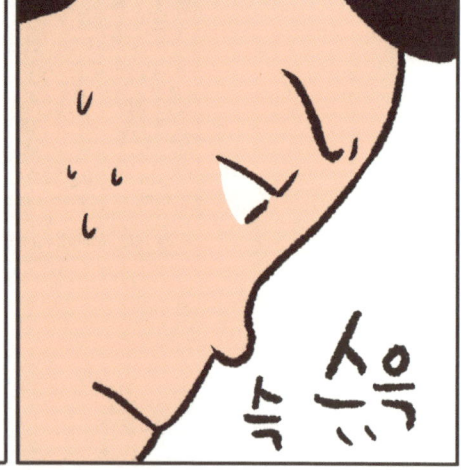

6부 마산으로 가는 길

내가 잠들어 있는 동안 부산에는

계엄령*이 선포되어 군인들이 들어왔다.

부산대도 동아대도 휴업에 들어갔는데 오빠는 어디서 무얼 하는 걸까?

휴업 공고
10월 17일부터 당분간 휴업한다.
학생 제군은 별도 지시 있을 때까지 가정에서 자중 자애하여 학습해 주기 바란다.
1979. 10. 17
총 장

진숙아, 오늘은 제발 오빠가 집에 들어왔으면 좋겠다.

*일정한 지역의 행정권과 사법권의 전부 또는 일부를 군이 맡아 다스리도록 하는 대통령령.

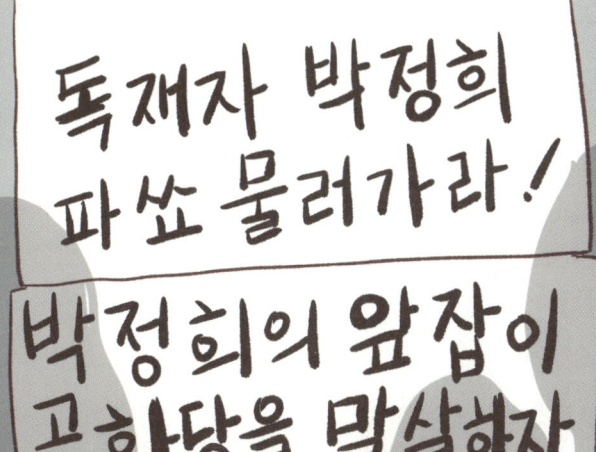

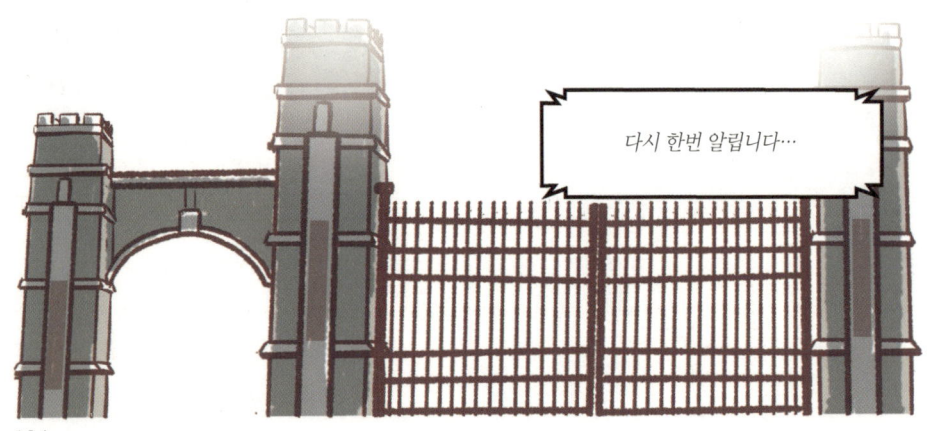

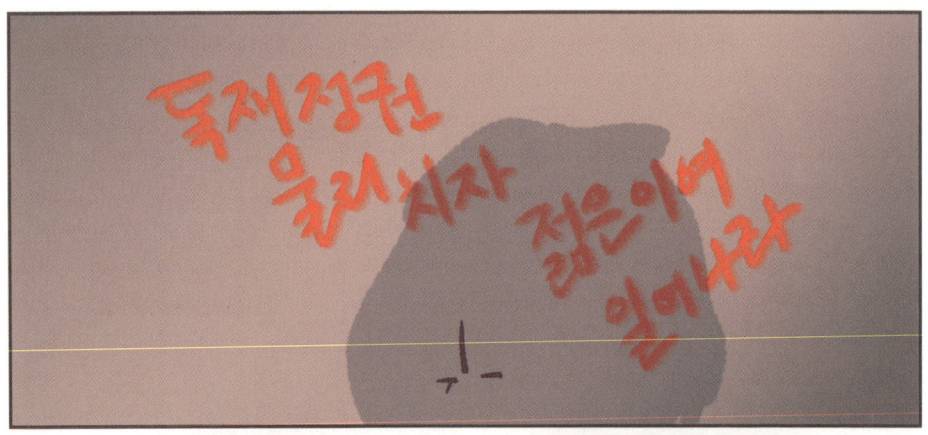

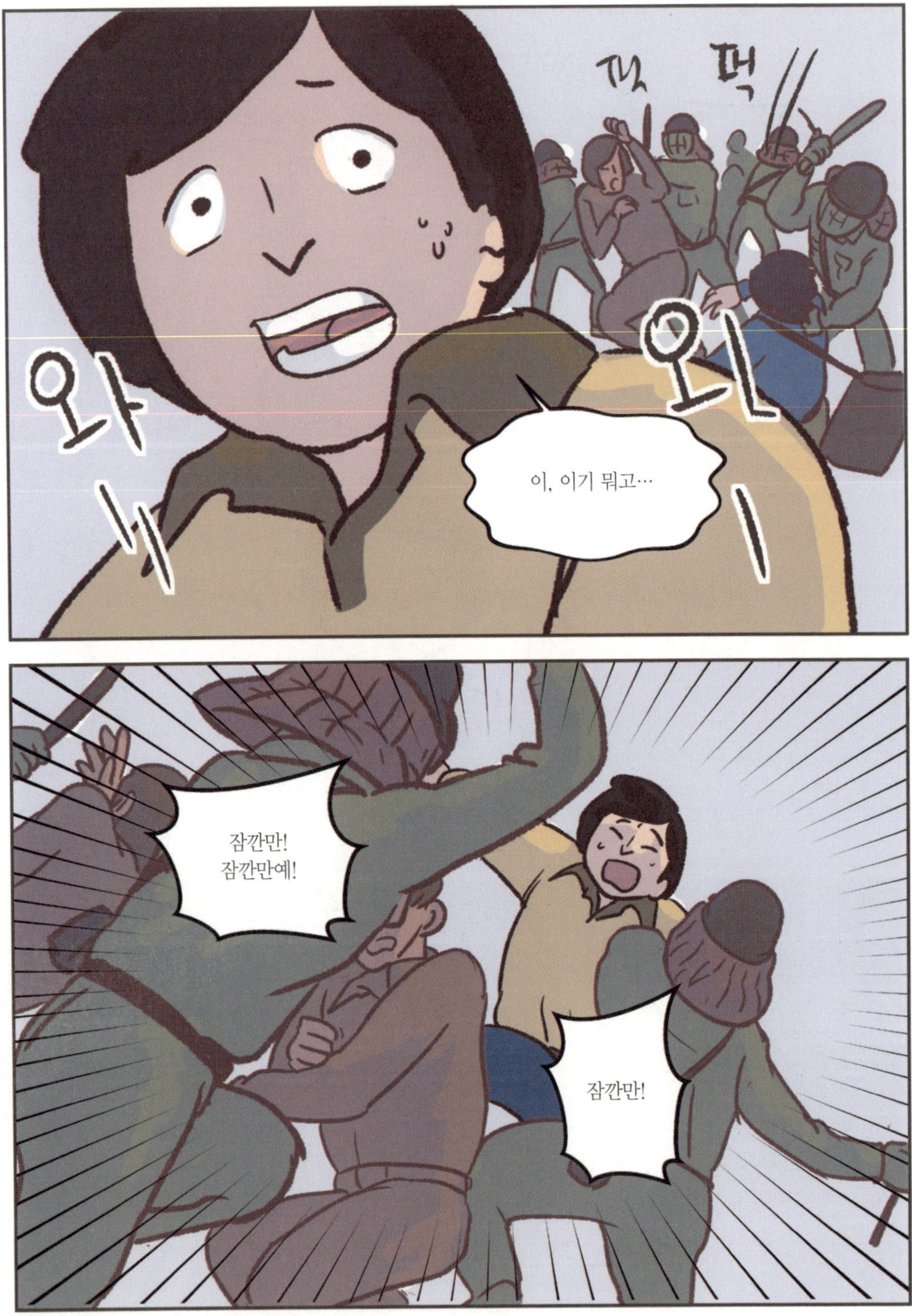
퍽
이, 이기 뭐고…
잠깐만!
잠깐만예!
잠깐만!

7부 풍랑

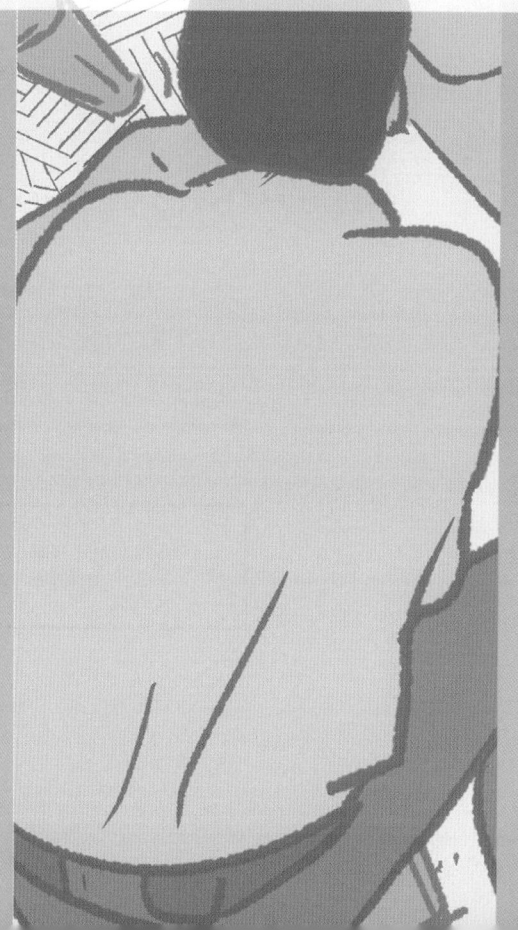

1979년 10월 20일
정부는 마산에 위수령*을 발동했다.

부산과 마산의 불꽃 같던 닷새는
그렇게 사그라들었다.

*육군 부대가 일정한 지역에 주둔하여 그 지역의 경비, 질서 유지, 감시 등을 수행하도록 선포하는 대통령령.

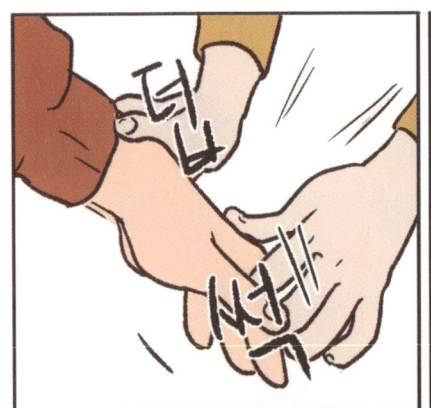

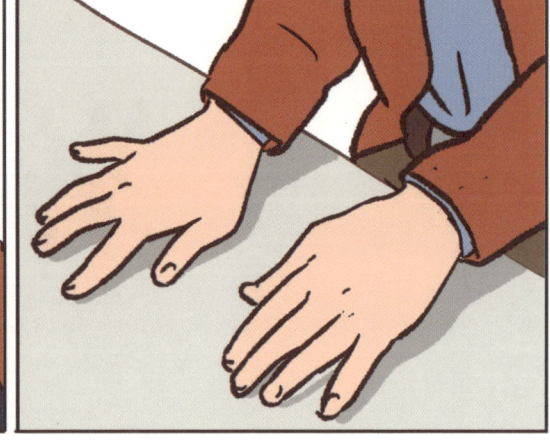

*심수봉 노래·작사「그때 그 사람」, 1978.

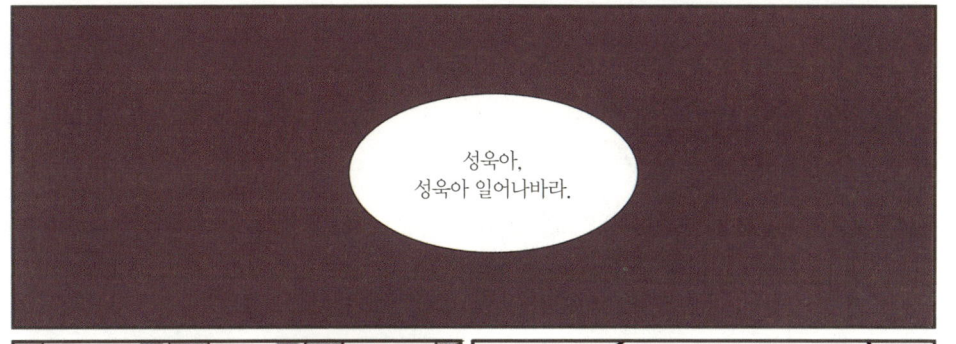

끝이 있기는 한 걸까?

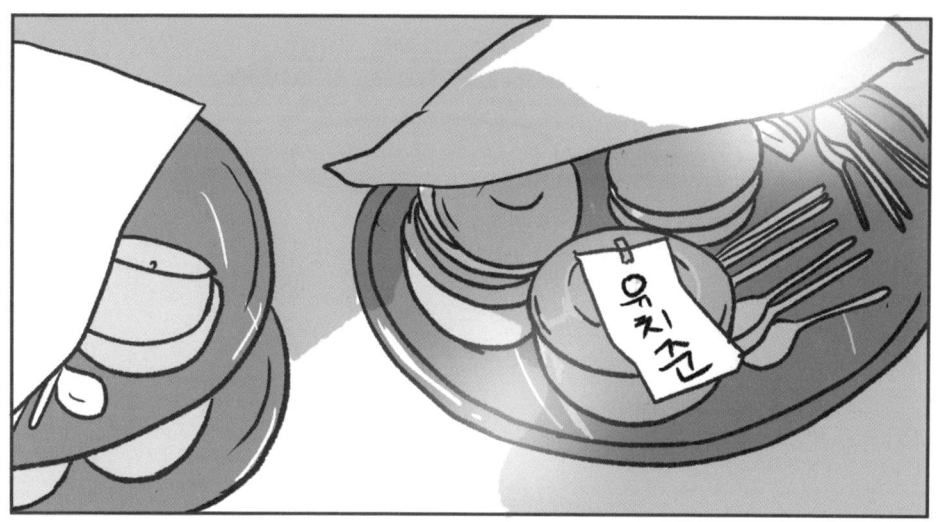

*김추자 노래, 신중현 작사 「거짓말이야」, 1971.

8부 고개를 넘으면

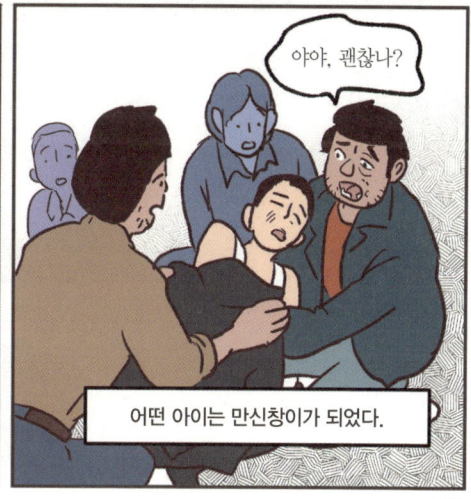

도무지 끝을 알 수 없는 고통의 시간 속에서

그날이 왔다.

중앙정보부장 김재규가 박 대통령을 살해한 이유에 대해서는 많은 말이 있지만

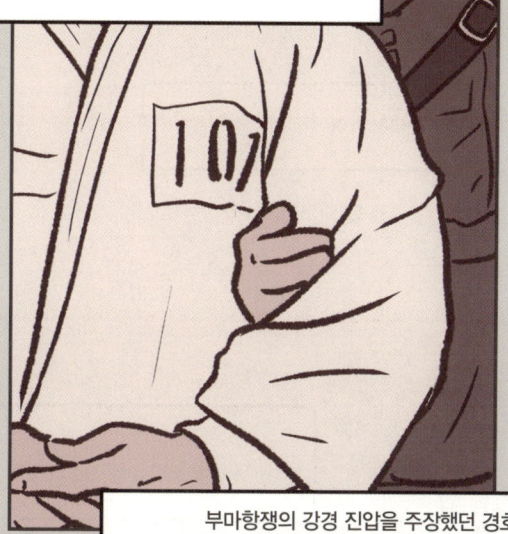

부마항쟁의 강경 진압을 주장했던 경호실장 차지철과 박 대통령에 대한 분노 때문이었다는 설이 유력하게 제기된다.

김재규는 자유민주주의를 회복하고 국민의 희생을 막기 위해 박정희를 저격했다고 대답했다.

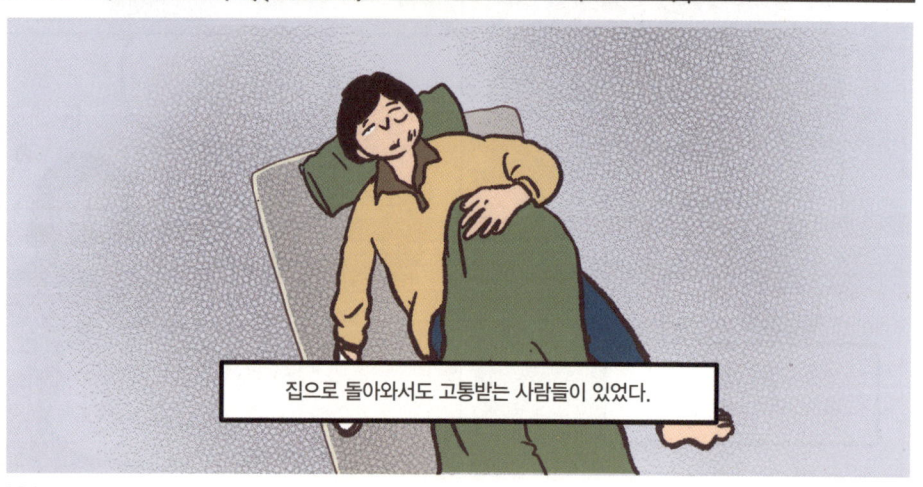

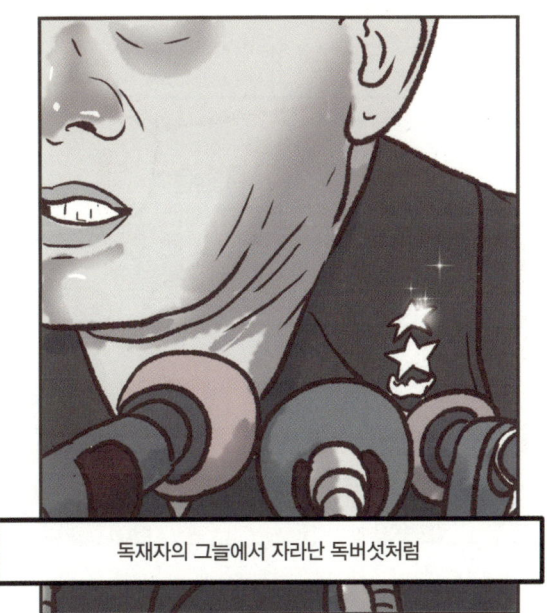

독재자의 그늘에서 자라난 독버섯처럼

1980년 5월, 광주.

권력의 빈자리를 차지하려고
학살을 마다하지 않은 자들도 있었다.

에필로그

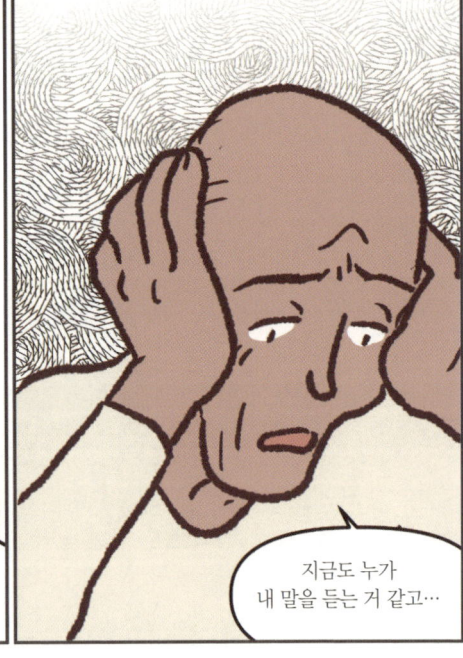

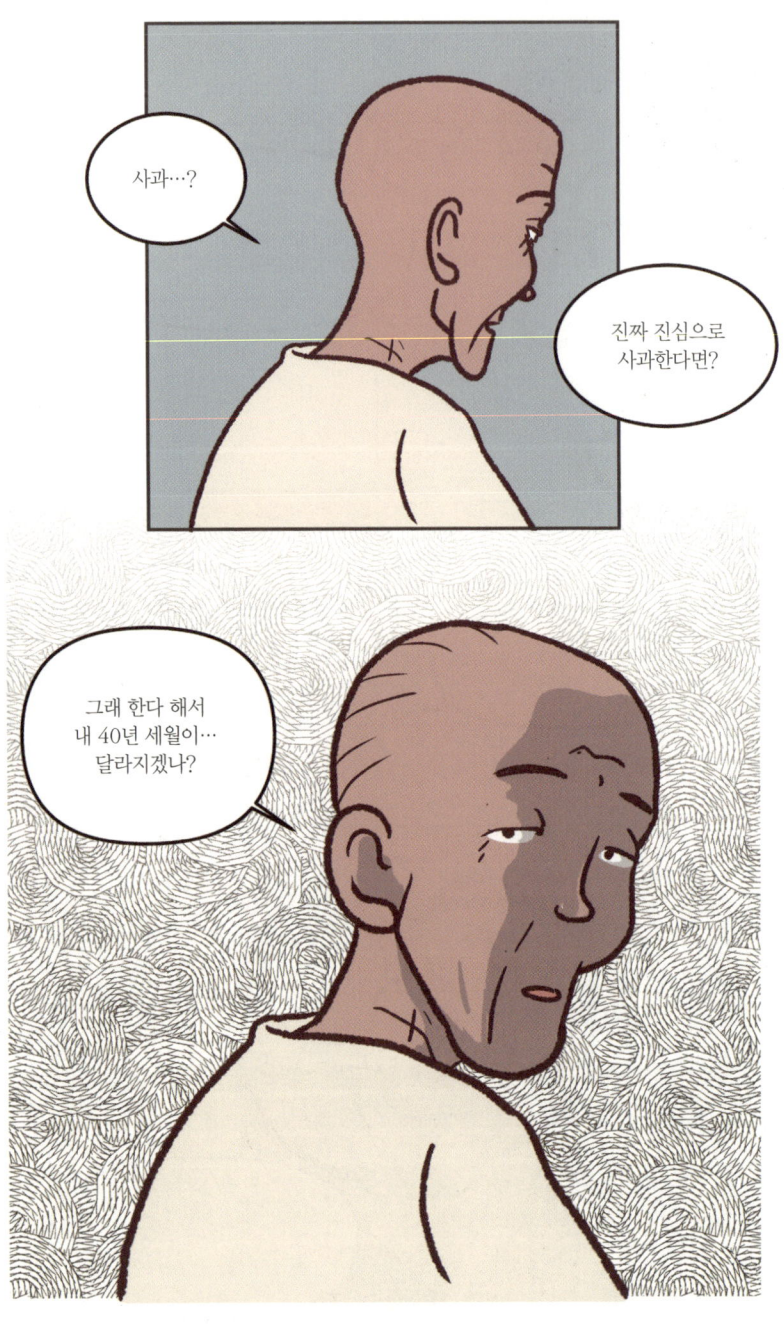

1979년 당시 51살의 건설 노동자 고 유치준씨는 마산의 한 시위 현장에서 머리에 큰 상처를 입고 숨진 채 발견됐습니다.

당시 집으로 향하던 유씨는 시위 진압을 하던 경찰에 의해 부상을 당했던 것으로 추정됩니다.

숨진 지 40년 만에 유족들은 유씨의 명예를 회복하고, 법에서 정한 보상금을 받게 됐습니다.

작품 해설

부산·마산의 시민들이 써 내려간 반유신 민주항쟁의 대서사

홍순권(전 부마민주항쟁진상규명위원회 위원장, 동아대학교 명예교수·사학)

    1979년 10월 16일 부마민주항쟁이 발생했다. 박정희 대통령의 '10월 유신' 선포 7주기를 하루 앞둔 날이었다. 박정희는 1961년 5·16 군사 쿠데타를 일으켜 군정을 실시한 뒤 1963년 10월 제5대 대통령에 당선되었다. 이후 제6대 대통령 당선과 3선개헌을 거쳐 제7대 대통령까지 3차 연임에 성공한 박정희는 이에 만족하지 않고 영구집권을 꿈꾸며 1972년 10월 17일 이른바 '10월 유신'을 선포했다. 비상계엄 아래 헌법 개정안이 국민투표에 부쳐졌고, 같은 해 12월 제4공화국의 유신헌법이 공포되었다.

    유신헌법은 대통령 임기를 4년에서 6년으로 늘리고 중임제한 규정을 없앴다. 유신체제 아래 대통령선거는 통일주체국민회의에서 간접선거로 치렀다. 2,359명의 통일주체국민회의 대의원은 2명만 무효표를 낸 채 사실상 만장일치로 박정희를 제8대 대통령으로 뽑았다. 대통령은 국회의원 정수 3분의 1에 해당하는 유신정우회 의원 추천 권한을 가지고 있었고,

국회를 해산할 수도 있었다. 반면에 국회는 대통령을 탄핵할 수 없어서 사실상 의회정치는 사라졌다. 또 대법원장이 지명하던 대법관을 대통령이 임명함으로써 사법부를 행정부의 시녀로 만들었다.

국민의 기본권인 언론 출판의 자유는 철저히 억압되었다. 박정희 대통령은 유신체제에 반대하는 시민과 언론의 입을 막기 위해 이른바 긴급조치를 선포했다. 야당과 지식인이 시작한 개헌청원 서명운동 참여자가 30만 명을 넘어서자 정부는 긴급조치 1호를 발표하여 모든 헌법 개정 논의를 금지하고 비상군법회의를 두어 위반자를 처벌했다. 이후 그는 총 9차례에 걸쳐 긴급조치를 남발했다.

1975년 5월 13일 발표된 긴급조치 9호는 유신헌법에 대한 부정·반대·왜곡·비방·개정·폐기를 주장하거나 청원, 선동, 보도를 못 하게 하고 이를 어긴 사람은 영장 없이 체포하게 했다. 유신체제가 무너질 때까지 긴급조치 9호 위반으로 구속된 지식인·청년·학생들의 수는 무려 800명에 달했다. 부마민주항쟁 관련자 가운데 상당수도 긴급조치 9호 위반 혐의로 체포되어 구금되거나 고문을 당했다.

유신체제 아래서도 민주주의를 갈망하는 시민들의 저항은 끊이지 않았다. 1973년 10월 서울대학교 문리대 학생들의 유신반대 시위에 이어 1974년 4월에는 '민청학련 사건' 관련자 1,024명이 검거되었고 이 가운데 8명에게는 사형이 내려졌으며, 수십명에게 중형이 선고되었다. 그러나 이후에도 여러 대학에서 학생들의 크고 작은 시위가 이어졌다. 학생들 이외에도 재야 정치인, 종교인, 지식인 들을 중심으로 개헌청원운동을 비롯해 국민선언 또는 구국선언과 같은 방식으로 민주주의의 회복을 촉구

하는 투쟁이 계속되었다. 또 동아일보와 조선일보 해직기자들의 자유언론수호투쟁, 유신체제에 저항하다 재임용에서 탈락한 교수들의 민주교육선언 등 저항운동은 사회 각계각층으로 확산해갔다.

다른 한편, 1970년대 후반 오일쇼크 등으로 인한 세계경제 침체와 불황의 여파로 한국경제 또한 심각한 위기에 빠져들었다. 10퍼센트 안팎의 경제성장을 기록하던 한국경제는 1979년 4/4분기에 2.9퍼센트 성장으로 급격히 떨어졌고, 부가가치세 등 조세 부담은 서민들에게 큰 짐이 되었다. 이로 인해 유신체제에 대한 노동자와 시민들의 불만은 커져만 갔다.

1979년 8월 YH무역 노동자 170여 명은 회사를 정상 가동하고 생존권을 보장하라며 신민당사에 들어가 밤샘 농성을 벌였다. 이때 경찰 1천여 명이 신민당사에 들어가 노동자들을 강제 해산하는 과정에서 여성 노동자 김경숙이 사망했다. 이 사건으로 인해 박정희 정권에 대한 민심의 이반은 더욱 가속화되었다. 그러나 박정희 정권은 YH사건을 야당에 대한 탄압의 호기로 여겨 그간 대정부 공세를 강화해오고 있던 김영삼의 신민당 당총재 자격과 의원직을 빼앗았다. 이러한 유신정부의 야당 탄압은 특히 김영삼의 정치적 고향인 부산의 시민사회에 적잖은 영향을 미쳤다.

마침내 1979년 10월 16일 오전 10시경 부산대학교 교정에서 부마민주항쟁의 첫 봉화가 타올랐다. 부산대 시위 학생들이 교문을 나서자 부산지역 각 대학교 학생과 시민들이 합세했고 점차 노동자, 영세상인, 업소 종업원, 무직자 등 다양한 계층의 민중들이 주도하면서 곧바로 대규모 시민항쟁으로 발전했다. 또 항쟁의 불길은 이틀 뒤 부산의 이웃 도시인 마산으로 옮겨붙었다.

항쟁이 부산시 전역으로 확산하자, 정부는 10월 18일 자정을 기해 부산시 일원에 비상계엄을 선포하고 군대를 파견해 시위를 무력으로 진압했다. 또 마산에서도 정부는 위수령을 근거로 군과 경찰 병력을 동원하여 이를 진압했다. 부산의 시위 진압에 동원된 계엄군에는 특전사령부와 해병대 병력이 포함되어 있었고, 이들 중 일부는 마산 시위 진압에도 동원되었다. 진압군은 시위 해산 과정에서 무자비한 폭력을 행사했고 시민들을 무차별적으로 연행했다. 군대의 가혹한 진압으로 항쟁의 불길은 일시적으로 잦아들었지만, 그 여진은 소리 없이 전국 각지로 퍼져나갔다. 부마민주항쟁의 소식이 전해진 전국 주요 도시의 일부 대학에서는 유신체제 철폐를 요구하는 시위와 농성이 이어지고, 유신반대 투쟁을 촉구하는 유인물이 배포되거나 낙서와 벽보가 나붙었다.

한편 군경은 참가자들을 연행해 불순분자로 몰면서 가혹한 고문을 자행했다. 특히 중앙정보부 지휘하에 꾸려진 합동수사단은 부마민주항쟁의 배후를 북한과 연계된 반국가단체로 조작하기 위해 시위 관련자들을 고문하고 허위 자백을 강요했다. 부마민주항쟁과 관련하여 군경에 의해 연행된 총인원은 1,565명으로 밝혀졌다. 이 가운데 122명이 군검찰부와 관할 검찰청으로 송치되었고, 651명은 즉심에 회부되었으며 792명은 훈방되었다. 물론 이들 외에도 진압 과정에서 마산 시민 1명이 사망했고, 많은 부상자가 속출했다. 부상자나 수사 중 고문을 당한 사람 가운데는 그 후유증으로 노동력을 잃거나 실직을 당해 경제적으로 피해를 입은 사람도 많았다. 이 가운데는 특히 고문 피해로 인해 오랫동안 외상 후 스트레스 장애, 즉 트라우마로 고통을 받은 피해자들도 포함되어 있다.

부산과 마산의 시민들이 일으킨 유신독재 반대 투쟁은 정국 변화에 큰 영향을 미쳤다. 부마민주항쟁의 여파로 유신권력 핵심부 안에서의 정치적 갈등이 극에 달해 마침내 중앙정보부장 김재규가 대통령 박정희를 살해했다. 이로써 유신체제는 종말을 고했다. 그러나 불행히도 군부정권의 독재체제가 완전히 막을 내린 것은 아니었다. 대통령 박정희의 사후 유신정권의 후계자임을 자처한 전두환 등 신군부의 등장으로 말미암아 7개월 뒤 광주의 비극이 발생했다.

　　우리 사회는 이승만 독재를 무너뜨린 4·19혁명을 필두로 부마민주항쟁, 광주 5·18민주화운동, 6·10민주항쟁의 4단계를 거쳐 약 27년 민주화 대장정의 역사를 지나왔다. 이 가운데 부마와 광주의 항쟁은 서로 연결되어 있을 뿐만 아니라 닮은 점이 많다. 우선 7개월이라는 짧은 기간 내 군부 권력의 교대 과정에서 발생한 민주화운동이라는 점, 두 사건 모두 서울이 아닌 지방 도시에서 발생한 시민항쟁이라는 점, 계엄하에서 공수부대 등 특수 전투부대가 시위 진압에 동원되었다는 점 등이다.

　　부마민주항쟁은 오랫동안 우리 국민의 기억 속에서 잊혀 있었다. 항쟁 직후 일어난 10·26 사건과 그 이후 등장한 신군부의 광주 학살에 대한 충격이 너무 컸던 탓도 있고, 부마민주항쟁에 대한 독재정권의 왜곡 선전이 또 큰 몫을 했다. 이에 부마민주항쟁의 뜻을 제대로 기리려는 부산과 마산을 비롯한 전국 각지 민주시민들의 여망에 부응하여 2013년 국회가 '부마민주항쟁보상법'을 제정했고, 이에 근거해 2014년 부마민주항쟁진상규명위원회가 발족되기에 이르렀다. 그리고 2019년 정부는 마침내 부마민주항쟁 발생일인 10월 16일을 공식적인 국가기념일로 지정했다.

감수 | 차성환

부마민주항쟁을 비롯한 민주화운동 관련 연구를 지속하고 있다. 부산민주항쟁기념사업회 이사, 부마민주항쟁진상규명위원회 상임위원, 부산민주공원 관장을 역임했다. 지은 책으로 『부마항쟁과 민중』 『1979 부마민주항쟁』 등이 있다.

만화 도움 | 유승하

만화가. 「만화로 보는 민주화운동」 시리즈의 『1987 그날』과 『엄마 냄새 참 좋다』 『날마다 도서관을 상상해』를 펴냈고, 『십시일反』 『사이시옷』 『어깨동무』 『섬과 섬을 잇다 1, 2』 『내가 살던 용산』 『떠날 수 없는 사람들』 등에 참여했다.

참고문헌

『부마민주항쟁 진상조사보고서』(부마민주항쟁진상규명 및 관련자명예회복심의위원회 2022)
『씨알의소리』 통권87호(1979)
린 원카이·박순성·서익진·수다랏 무시카왕·안병욱·오제연·이은진·정근식·최정기 『부마민주항쟁 학술총서: 1979 부마민주항쟁을 기억하다』(부마민주항쟁기념재단 2020)
부마를 말하다―부마민주항쟁 디지털 아카이브 www.buma1979.com
부산민주운동사 편찬위원회 『부산민주운동사 1, 2』(부마민주항쟁기념재단 2021)
차성환 『1979 부마민주항쟁』(현북스 2023)
최현진·신심범·서상균 『청춘의 함성, 시민의 합창』(인타임 2021)

만화로 보는 민주화운동
불씨

초판 1쇄 발행 / 2024년 5월 17일

지은이 / 다드래기
펴낸이 / 염종선
기획 / 민주화운동기념사업회
책임편집 / 하빛
조판 / 황숙화
펴낸곳 / (주)창비
등록 / 1986년 8월 5일 제85호
주소 / 10881 경기도 파주시 회동길 184
전화 / 031-955-3333
팩시밀리 / 영업 031-955-3399 편집 031-955-3400
홈페이지 / www.changbi.com
전자우편 / human@changbi.com

ⓒ 다드래기 2024
ISBN 978-89-364-8022-6 03810
      978-89-364-8023-3 (세트)

* 이 책 내용의 전부 또는 일부를 재사용하려면
  반드시 저작권자와 창비 양측의 동의를 받아야 합니다.
* 책값은 뒤표지에 표시되어 있습니다.